Der Tod gehört zum Leben

Der Tod gehört zum Leben, sagen wir,
doch als er kam, der Tod, da war er fremd.

Der Tod war abzusehen, sagen wir,
doch als er kam, der Tod, da kam er überraschend.

Der Tod kam als Erlöser, sagen wir,
doch als er kam, da riss er neue Wunden.

Der Tod gehört zum Leben, sagen wir,
doch jetzt, jetzt, wo er da ist, dieser Tod,
da haben ganz gewohnte Worte
plötzlich einen neuen Klang.

Der Tod gehört zum Leben, sagen wir.
Das stimmt!
Und dennoch bleiben Fragen.
Viele Fragen.

Danke

Danke – wie oft habe ich zu Lebzeiten
dir dieses Wort gesagt,
manchmal ganz bewusst,
manchmal eher nebenbei,
manchmal aus tiefer Überzeugung,
manchmal eher wie eine Floskel.

Danke –
noch einmal will ich dieses Wort jetzt sagen,
aber nun kommt es mir anders über die Lippen:
Danke für das, was war,
was möglich war mit dir,
was du mir geschenkt hast
     an Liebe und Geduld,
an Verständnis, Treue, Lachen,
     Aufmerksamkeit ...
Danke, dass du ein Stück deines Lebens
mit mir geteilt hast.
Danke, dass wir ein Stück unseres Lebens
miteinander gehen durften.

Danke –
dieses Wort kommt jetzt
zutiefst aus meinem Herzen.

Wie soll ich begreifen ...

... dass wir kein Wort mehr
miteinander reden können,
kein Händedruck uns mehr zusammenhält,
kein Blick der Liebe
zwischen uns mehr möglich ist?

Wie soll ich das begreifen,
dass alles dies ein Ende haben soll:

die Begegnungen, die Gespräche,
das Streiten, das Sich-Versöhnen,
das Füreinander-Halt-Sein,
das Miteinander-Tragen?

Mit deinem Leben
ist auch ein Stück meines Lebens –
gestorben.
Und das tut weh!

Du fehlst

Du fehlst mit deinen guten Worten –
und wenn sie wehtut, diese Lücke,
die dein Tod gerissen hat,
dann denke ich zurück an jene Zeiten,
als wir im Miteinander-Sprechen nach
dem Leben suchten.

Du fehlst mit deinem lieben Blick –
und wenn sie wehtut, diese Lücke,
die dein Tod gerissen hat,
dann denke ich zurück an jene Zeiten,
als Liebe, Treue und Verstehen unser
Leben trugen.

Du fehlst mit deinem offenen Ohr –
und wenn sie wehtut, diese Lücke,
die dein Tod gerissen hat,
dann denke ich zurück an jene Zeiten,
als Rücksichtnahme und Geduld das
Leben prägten.

Du fehlst so sehr – und doch weiß ich:
Was uns leben ließ, das ist geblieben.
Das kann niemand nehmen,
auch das Sterben nicht.

Gebet eines trauernden Menschen

Gott, in meinem Leben ist es dunkel geworden. Ich fühle mich einsam und verlassen. Ich kann nicht verstehen, dass ... nicht mehr da ist, dass ich sie/ihn nicht mehr hören und mit ihr/ihm nicht mehr sprechen kann. Manchmal meine ich, alles sei nur ein böser Traum. Aber es ist nicht so. Es ist die bittere Wirklichkeit.

Ich suche nach Trost, aber ich finde ihn noch nicht. Ich suche nach Hoffnung, aber Verbitterung macht sich breit. Ich suche nach dem Leben, aber ich bin wie gelähmt.

Gott, schenke mir die Geduld, das Dunkel in mir auszuhalten. Schenke mir die Kraft, den lieben Menschen, den der Tod mir genommen hat, aus meiner Sorge zu entlassen und ihn deiner Liebe anzuvertrauen. Und schenke mir den Mut, den Wert und die Schönheit meines Lebens wieder neu zu entdecken, auch wenn ..., um die/den ich trauere, nicht mehr bei mir ist. Stärke in mir die Gewissheit, dass wir miteinander verbunden bleiben, weil du, Herr, ihr/sein und mein Gott bist, der Gott der Lebenden und der Toten.

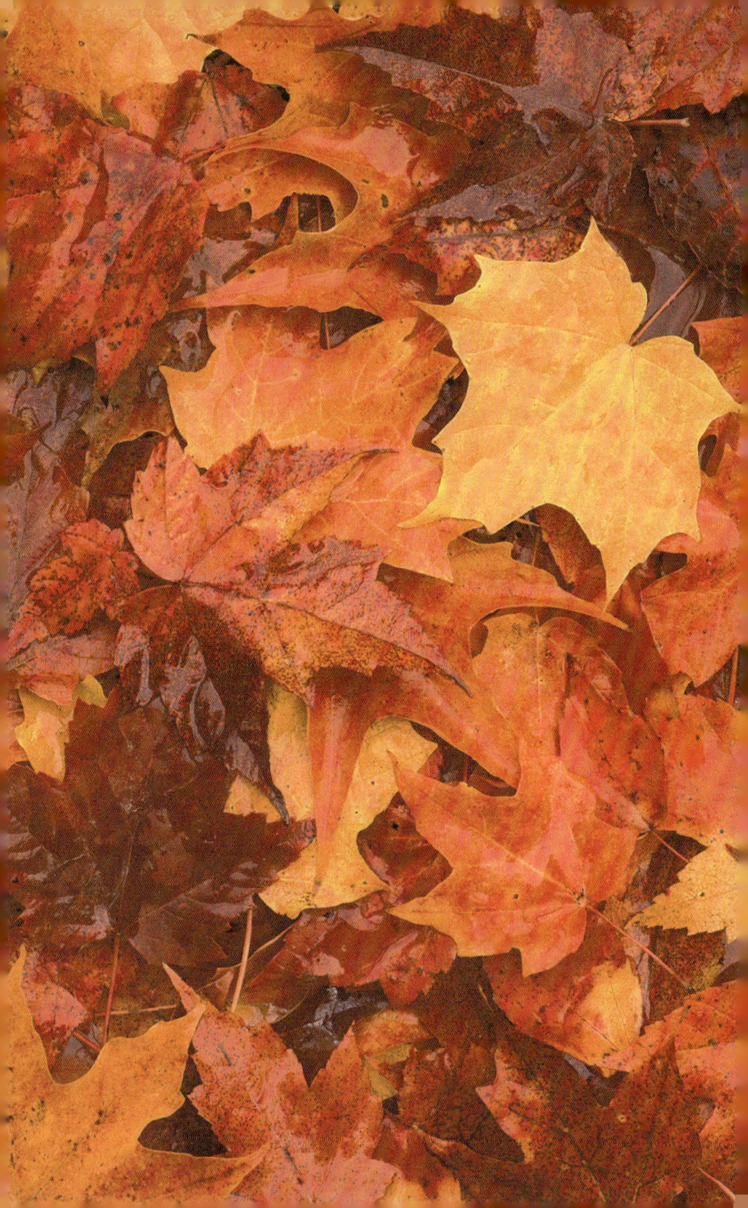

Ins Buch des Lebens eingeschrieben

Wie wird das einmal sein, wenn der Mensch im Sterben seinem Gott begegnet? Zu allen Zeiten haben Menschen sich diese Frage gestellt.

In der Offenbarung des Johannes ist zu lesen: „Ich sah die Toten vor dem Thron stehen, die Großen und die Kleinen. Und Bücher wurden aufgeschlagen; auch das Buch des Lebens wurde aufgeschlagen. Die Toten wurden nach ihren Werken gerichtet, nach dem, was in den Büchern aufgeschrieben war" (Offb 20,12).

Und was wird einmal über uns darin geschrieben stehen? Etwas über unser Können? Oder über unser Versagen? Etwas über unsere guten Werke? Oder über unsere Schuld?

Den ersten Satz hat Gott hineingeschrieben mit fester, kräftiger Handschrift, damals, bei unserer Taufe: Fürchte dich nicht, denn ich habe dich erlöst; ich habe dich beim Namen gerufen, du bist mein (vgl. Jes 43,1)!

Bei der kirchlichen Begräbnisfeier wird an diesen Satz erinnert. Und der Wunsch hinzugefügt: Der Herr vollende an dir, was er in der Taufe begonnen hat.

Wir fallen ...

Wohin fallen wir, wenn wir sterben?
Wohin fallen wir, wenn wir all das loslassen
müssen, was uns bisher Halt gab?
Wohin fallen wir, wenn uns
 die Kräfte schwinden?
Ins Dunkel? Ins Nichts?

„Deinen Gläubigen, o Herr, wird das Leben
gewandelt, nicht genommen. Und wenn die
Herberge der irdischen Pilgerschaft zerfällt, ist
uns im Himmel eine ewige Wohnung bereitet."

AUS DER LITURGIE DER KIRCHE

Wohin fallen wir?
Wir fallen in Gottes Hand.
In seine guten Hände.

... in Gottes
gute Hände.

In seiner Hand ruht unser Leben

In seiner Hand ruht unser Leben.
In seiner Hand ruht unser Schmerz.
In seiner Hand ruht unsere Trauer.
In seiner Hand ruht unser Fragen.
In seiner Hand – nicht irgendwo.

In seiner Hand ...
... es ist die Hand dessen, der sagt:
„Ich lebe, und auch ihr werdet leben" (Joh 14,19).

... es ist die Hand dessen, der sagt:
„Wer an mich glaubt, wird leben,
auch wenn er stirbt" (Joh 11,25).

... es ist die Hand dessen, der sagt:
„Ich habe die Schlüssel zum Tod
und zur Unterwelt" (Offb 1,18).

In seiner Hand ruht unser Leben.
In seiner Hand – nicht irgendwo.
Das ist unsere Chance!

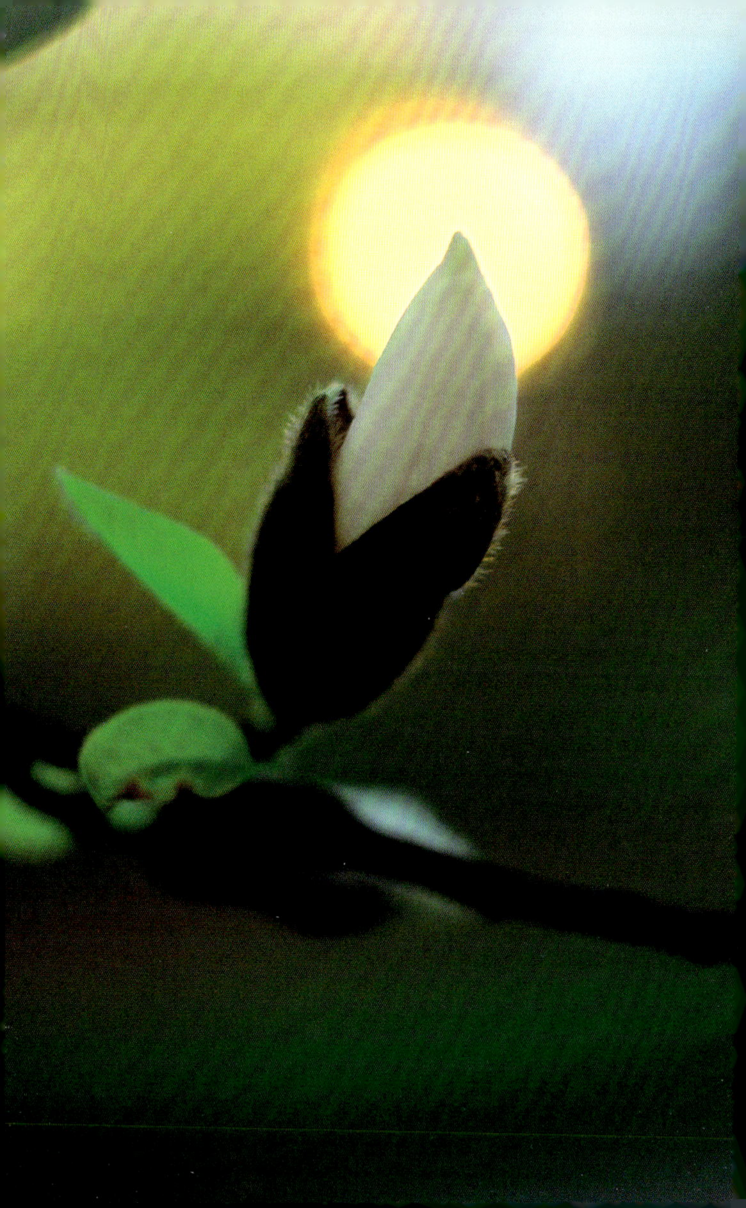

„... heute nun ist der Fremde wiedergekommen und hat sein Pfand zurückverlangt"

Ein Rabbi kommt an einem Sabbatnachmittag aus dem Bethaus nach Hause und vermisst dort seine Söhne. „Wo sind meine beiden Söhne?", fragt er. „Sie sind ins Lehrhaus gegangen!", antwortet seine Frau. Und als er nach einiger Zeit wieder fragt, entgegnet sie: „Sie sind vielleicht zu Freunden. Schon öfters sind sie erst zu dieser Stunde zurückgekehrt." Aber das genügt ihm immer weniger, und er fragt dringender: „Wo sind meine Knaben?" Sie spricht: „Erlaube, dass ich dich etwas frage!" „Was ist's?" Die Frau erwidert: „Vor etlichen Tagen kam ein Fremder zu mir und gab mir ein Pfand, damit ich es bewahre. Es waren zwei kostbare Perlen von großer Schönheit. Und ich hatte meine Freude an ihnen, als wären sie mein. Heute nun, als du im Bethaus warst, ist der Fremde wiedergekommen und hat sein Pfand zurückverlangt. Soll ich es ihm wiedergeben?" „Wie fragst du nur?", antwortet der Rabbi streng. „Kannst du zögern, anvertrautes Gut zurückzugeben?"

„Nein", erwidert die Frau, „aber ich wollte nicht ohne dein Wissen handeln, denn auch du hattest dir angewöhnt, das Pfand als dein Eigentum zu betrachten." Er spricht: „Was sagst du da?" Und mit brechender Stimme: „Wo sind meine Kinder?" Da nimmt die Frau ihn bei der Hand und führt ihn in die Schlafkammer. Sie hebt die Decke vom Bett. Da liegen die Knaben, still und schön, und sie sind beide tot. Der Rabbi schreit laut auf und wirft sich über sie. Die Frau aber steht ernst und bleich hinter ihm und blickt nieder auf seinen Schmerz. Sie spricht: „Hast du mich nicht geheißen, das Pfand zurückzugeben? Der Herr hat's gegeben, der Herr hat's genommen, der Name des Herrn sei gelobt."

Erzählung der Chassidim

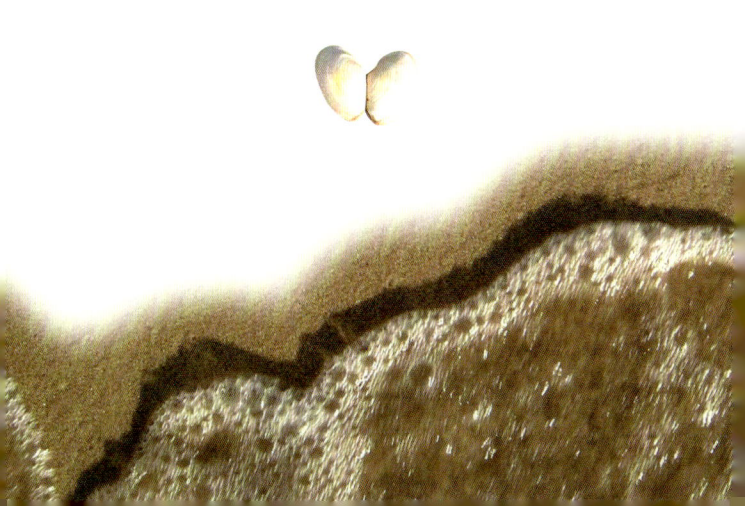

Wieder zum Leben finden

*Der Tod war stärker als
mein Beten,
mein Bangen,
mein Hoffen,
meine Sehnsucht nach dem Leben.
Das ist die bittere Erfahrung
des Augenblicks:
Ich habe verloren!*

*Mein Glaube,
mein Trauern,
meine Zuversicht,
mein Lebenswille sind stärker
als die Macht des Todes.
Das ist mein Wunsch für die kommende Zeit:
Ich möchte gewinnen –
und wieder zum Leben finden.*

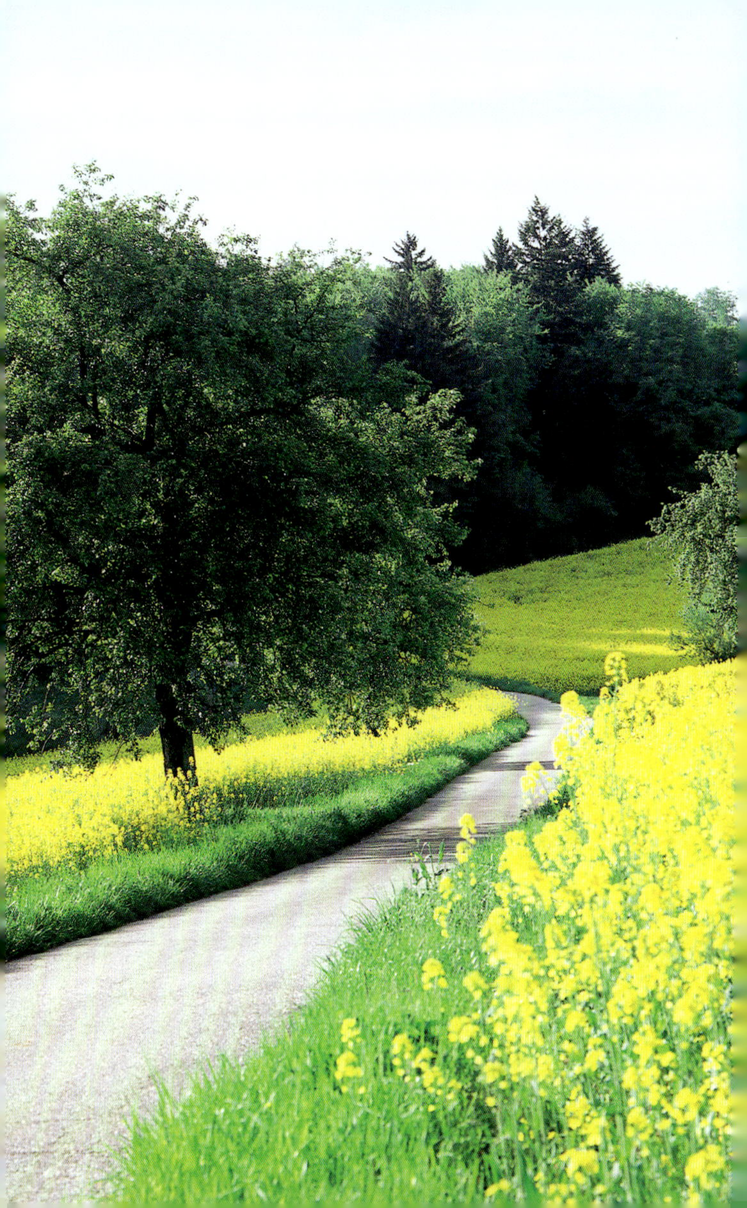

Gebet für eine/n Verstorbene/n

Gott, ich lege das Leben von N. N.
in deine barmherzigen Hände.
Ich danke dir für alles Gute,
das sie/er hier auf Erden empfangen durfte,
und für die Liebe, die von ihr/ihm ausging.
Und ich bitte dich:
Nichts von dem,
was sie/er mir bedeutet hat,
möge verloren gehen.
Lass sie/ihn bei dir jetzt das finden,
wonach sie/er sich immer gesehnt hat:
das Leben in Fülle.

*Wohin denn gehen wir?
Immer nach Hause.*

NOVALIS